Liebe Eltern,

wir wollen Ihr Kind beim Lesenlernen unterstützen, und zwar mit spannenden und lustigen Geschichten.

Unsere Bücher mit der liebenswerten Bildermaus begleiten Ihren Sohn oder Ihre Tochter durch die Vorschule. Sie enthalten kurze Geschichten mit einfachen Sätzen sowie großer und leicht lesbarer Schrift. Hauptwörter werden durch kleine Bilder ersetzt. Lesen Sie die Geschichten vor und lassen Sie Ihr Kind die Bilder selbst benennen. Am Ende jeder Geschichte finden Sie eine Bild-Wörterliste mit den einzelnen Bedeutungen. Viele bunte Illustrationen sorgen außerdem für Lesepausen und helfen, die Geschichte zu verstehen.

So wird der Spaß am Lesen geweckt, und Ihr Kind wird ganz nebenbei von der Bildermaus zum echten Leselöwen!

Ihre

Bildermaus

Die schönsten

Bildermaus

Geschichten zum Lesenlernen

Für mutige Jungs

Loewe

www.bildermaus.de

FSC
www.fsc.org
MIX
Papier | Fördert gute Waldnutzung
FSC® C018236

ISBN 978-3-7432-0537-6
3. Auflage 2024

Umschlagillustration: Falk Holzapfel
Umschlaggestaltung: Elke Kohlmann
Druck und Bindung: Drukarnia Dimograf Sp. z o.o.,
ul. Legionów 83, 43-300 Bielsko-Biala, POLEN

www.loewe-verlag.de

Inhalt

Rocky Rasant

Mick weiß schon als kleiner ,

was er mal werden will: Nicht ,

nicht  und auch nicht !

Nein, Mick will  werden: Zuerst

fährt Mick einen  mit , später

einen  mit . Bald ist Mick

schneller als alle anderen .

Schließlich ist er alt genug und es

ist so weit: Mick wird ein richtiger  !

Heute fährt er sein allererstes

großes  . Es sind schon sehr

viele  da. Wenn Mick nur nicht

so aufgeregt wäre!

Der kleine  rennt ständig zur ,

seine 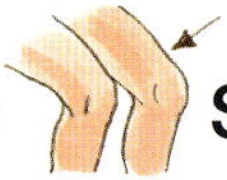 sind weich wie  und

seine 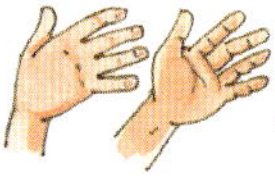 zittern. Wie soll er denn

so das  halten? Oje …! Mutlos

lässt der kleine  den 

hängen.

Da steht plötzlich ein  neben

ihm. „Ist das dein erstes  hier?“,

fragt er. „Ja!“ Der kleine  nickt

betreten. „Und in meinem 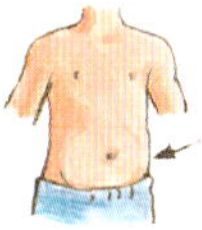

tanzen tausend  auf und ab!“

„Das ist ganz normal“, lächelt der  .

„Wenn du gleich in deinem 

sitzt, bist du so ruhig wie ein  bei

seiner  !“ – „Wirklich?“, fragt der

kleine  zweifelnd.

„Versprochen!“ Der  lächelt

und nimmt seine  ab. Der

kleine  macht große  :

„D…d…du bi…bi…bist ja Rocky

Rasant! Der beste  der  !“

„Ich drücke dir die  “, lacht

Rocky. „Du schaffst das!“

„Danke!“, stammelt der kleine  .

Plötzlich fühlt er sich leicht wie

eine  .

Er springt auf, strafft seine 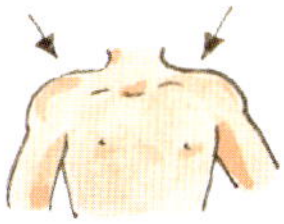

und geht stolz zu seinem  :

Der berühmte Rocky Rasant hält

ihm die  ! Was soll da noch

schiefgehen ...?

Die Wörter zu den Bildern:

Junge

Schornstein-
feger

Baggerführer

Polizist

Rennfahrer

Gokart

Pedale

Motor

Kinder

Rennen

Zuschauer

Toilette

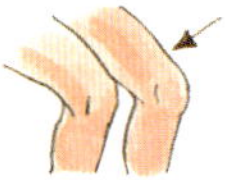
Knie

Pudding

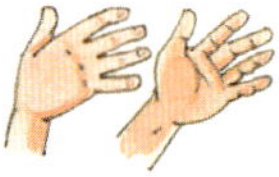
Hände

Lenkrad

Kopf

Mann

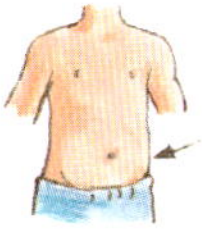
Bauch

Hummeln

Rennwagen

Baby

Mutter

Sonnenbrille

Augen

Welt

Daumen

Feder

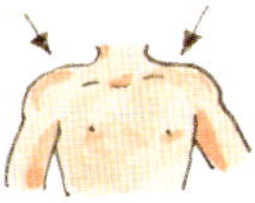
Schultern

Torwartwechsel

Der SC Torstedt spielt um den  .

Die meisten  schwenken

rote  und feuern Oles 

an. Ein paar 

mit grünen  jubeln für

die  des FC Pfostenhausen.

Der  wirft eine  .

Ole darf wählen, auf welches 

seine  spielen möchte. Der

FC Pfostenhausen darf anspielen.

Sofort erobert der SC Torstedt

den . Ole läuft vor das .

Der  hebt die .

Der quirlige  ist zu schnell

gewesen. Er war abseits. Bald

darauf klappt es besser. Ole

springt hoch und köpft den 

an allen vorbei ins  .

Jubelnd lässt er sich feiern.

Doch der FC Pfostenhausen wird immer stärker. Der  muss ständig hinten aushelfen. Dann prallt auch noch der  des SC Torstedt gegen den 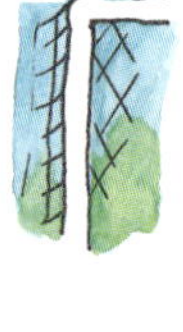.

Der  verletzt sich am .

„Ich kann nicht mehr spielen", sagt

er zu Ole. „Du musst für mich

ins ." Er gibt dem 

die großen  und verlässt

humpelnd das .

Ole zieht die , den 

und eine lange  über. Mal

sehen, was er als  kann.

Schon kommt der erste .

Ole befördert ihn mit beiden 

weit ins  zurück.

Gleich darauf kann der 

den  sicher fangen.

Er tippt ihn einmal auf und schlägt

ab. Der gegnerische  läuft

dem  entgegen. Ein 

des SC Torstedt ist schneller.

Schon zappelt der  im  .

Der  führt die  zum 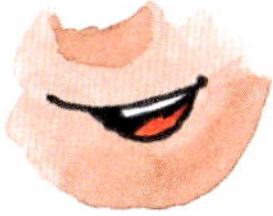

und pfeift zum 2:0. Dann sieht er

auf die  und pfeift noch einmal.

Aus. Ole gewinnt mit

seinem SC Torstedt

den  .

Die Wörter zu den Bildern:

Pokal

Zuschauer

Fahnen

Mannschaft

Schiedsrichter

Münze

Tor

Ball

Linienrichter

Fußballspieler

Torwart

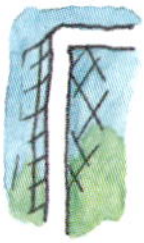
Pfosten

Bein

Handschuhe

Spielfeld

Pullover

Hose

Fäuste

Netz

Pfeife

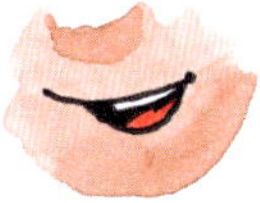
Mund

Uhr

Nachtalarm

Florian, der , übernachtet heute im . Weit entfernt donnert es. Durchs  sieht man  zucken. Schlaflos wälzen sich Florian und die anderen  in ihren . Plötzlich schrillt die große .

„Wozu haben wir uns eigentlich

hingelegt?“, grummelt Hein müde.

„Schimpf nicht, beeil dich lieber

ein bisschen“, sagt Florian und

springt aus seinem 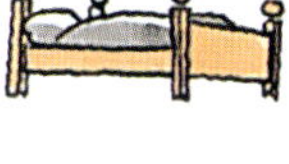 .

Er zieht  und  an

und rutscht die 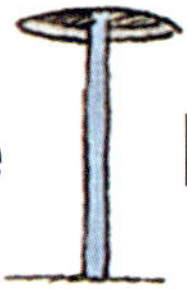 hinunter.

Dort stehen die  bereit.

Ruck, zuck zieht Florian sie an. Er

schlüpft in die , setzt

den  auf und ist fertig.

Florian öffnet das große .

Als Hein und die anderen 

kommen, sitzt er bereits hinter

dem 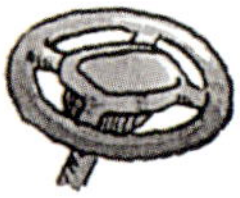. Hein greift schnell zum 

des . „Wo brennt es?“, fragt er.

„Ein  hat in einen 

eingeschlagen“, sagt die  am .

Sie beschreibt ihnen den .

Florian schaltet das  ein.

FF-EU-W.

Wieder zuckt krachend ein 

herab. Plötzlich schüttet es wie

aus  . Die 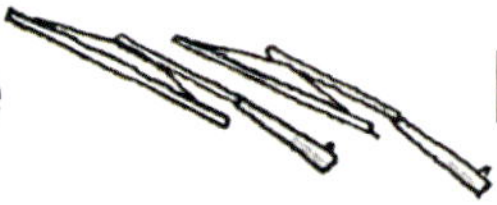 kommen

kaum nach. Als Florian das 

beim  anhält, ist das 

bereits von allein ausgegangen.

Trotzdem bleibt für die 

noch viel zu tun. Mit  und 

entfernen sie die verbrannten ,

damit sie morgen niemandem auf

den  fallen.

Die Wörter zu den Bildern:

Feuerwehr-
mann

Feuerwehr-
haus

Fenster

Blitze

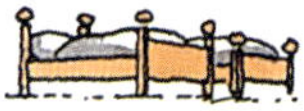
Betten

Glocke

Strümpfe

Hose

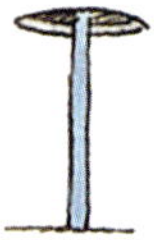
Stange

Stiefel

Jacke

Helm

Tor

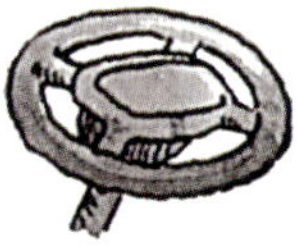
Lenkrad

Hörer

Funkgerät

Baum

Frau

Weg

Blaulicht

Eimer

Scheiben-
wischer

Feuerwehr-
auto

Feuer

Axt

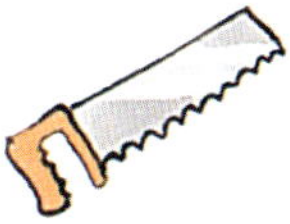
Säge

Äste

Kopf

Treffer mit Folgen

Ole, der  , legt sich den  zurecht. Die gegnerische  bildet eine  . Ole läuft an und haut drauf. Der  fliegt durchs  . Der  knallt gegen den 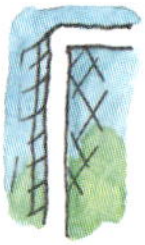 . Langsam senkt sich das  nach hinten und fällt um.

Der  pfeift. „Und was jetzt?“, fragt

der . „Wir brauchen

ein neues “, sagt Ole.

Der  sieht auf die  .

Schließlich muss er wissen, wie

lange nachher noch gespielt wird.

Schnell wird mit  und 

das alte  ausgegraben.

Ein neues  wird geholt und

aufgestellt. Das  wird an

den 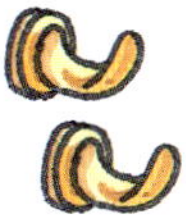 befestigt. „Gut, das hält“,

sagt der , nachdem er am 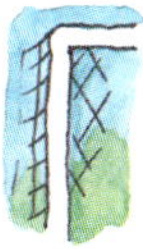

gerüttelt hat.

Die  klatschen. Endlich kann es weitergehen. Ole darf sich den  noch einmal zurechtlegen. Wieder bildet die gegnerische  eine  .

Der  pfeift. Der  läuft

an und haut drauf. Der  macht

sich lang und länger. Aber es nutzt

nichts. Diesmal trifft Ole nicht

den 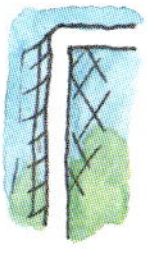. Der  zappelt im .

Die  springen begeistert auf

und jubeln dem  zu. Wieder

einmal hat Oles  gewonnen.

Die Wörter zu den Bildern:

Fußball-
spieler

Ball

Mannschaft

Mauer

Torwart

Tor

Pfosten

Schieds-
richter

Uhr

Spitzhacke

Schaufel

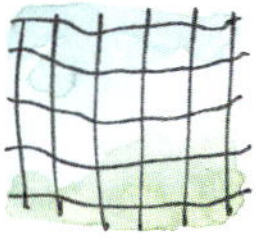

Netz

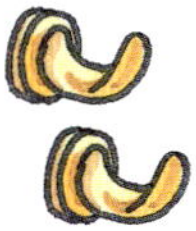

Haken

Zuschauer

Irgendwo in Afrika

Turbo hat frei. Er verreist mit seinem Neffen Juri nach . Dort mieten sie sich ein kleines . Sie fliegen über , , große  und .

Juri sitzt neben Turbo im .

„Schau mal,  !“, ruft er und zeigt nach unten. „Und  !“

Plötzlich blinkt bei den  eine

rote . „Ach du dickes  !“,

ruft Turbo. „Der  ist gleich leer!

Wir müssen sofort landen.“

Juri sieht nach unten. Dort sind

nur ,  und staubiger .

„Aber es gibt keine 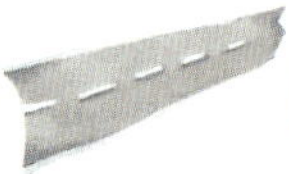!“, sagt er.

„Festhalten!“, ruft da schon Turbo

und drückt am .

Das  sinkt nach unten. Es rast

nur knapp über dem  entlang.

Juri klammert sich mit beiden 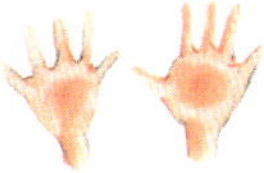

an den 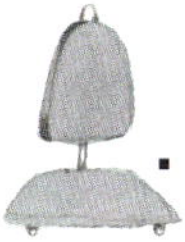. Die  schlottern wie

riesige  auf den .

RUMMS macht es, als die 

aufsetzen. Es staubt und rüttelt und

wackelt, als würden zwanzig 

tanzen. Juri kommt sich vor wie in

einer sehr großen  .

Au  ! Sie rasen direkt auf einen großen  zu. Turbo kneift die  zusammen. Juri macht sich fast in die  . Kurz vor dem  bleibt das  stehen. „Uff!“, macht Turbo. „Geschafft!“

Schnell füllen er und Juri den 

mit einem  auf. „Machen wir

die , bevor uns ein  entdeckt“,

sagt Turbo. Plötzlich raschelt es

hinter ihnen im .

Turbo und Juri springen ins  ,

starten den  und heben ab.

Juri sieht neugierig aus dem  .

Aus dem  tritt ein  mit

riesigen gefährlichen  heraus.

„Puh,  gehabt!“, ruft Juri.

Die Wörter zu den Bildern:

Afrika

Flugzeug

Häuser

Bäume

Seen

Wüsten

Cockpit

Elefanten

Giraffen

Anzeigen

Alarmleuchte

Nilpferd

Tank

Sträucher

Erdboden

Rollbahn

Steuerhorn

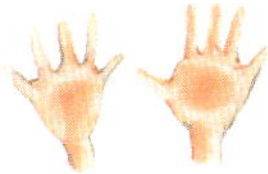
Hände

Sitz

Tragflächen

Surfbretter

Wellen

Räder

Waschma-
schine

Backe

Augen

Hose

Kanister

Fliege

Löwe

Busch

Propeller

Fenster

Eckzähne

Warzen-
schwein

Schwein

Tag der offenen Tür

Heute ist was los im 

.

Überall wimmelt es von .

Sie wollen alles genau wissen.

Der  erklärt ihnen geduldig,

wie ein  funktioniert.

Die größeren  dürfen ihm

sogar helfen, ein 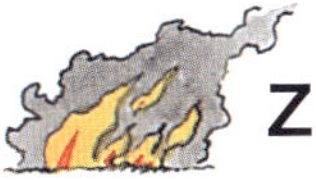 zu löschen.

„Wir zünden jetzt die alte 

an!“, ruft Florian. „Wer möchte

den  halten?“ Natürlich

melden sich viel zu viele .

Darunter auch ein kleiner 

mit seinem . „Tut mir leid“,

sagt Florian. „Der 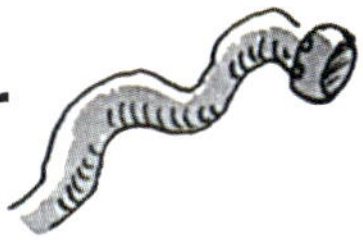 ist noch

ein bisschen zu schwer für dich.“

Traurig drückt der kleine 

seinen  an sich. „Aber wenn

du möchtest, darfst du nachher

ins 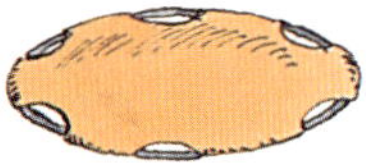 springen“, sagt Florian.

„Wirklich?“, fragt der .

„Versprochen“, sagt der .

Nachdem die  gelöscht ist,

wird das  aufgespannt.

Die  dürfen von der 

springen. Auch der kleine 

mit dem  stellt sich hinten an.

„Und – hopp!“, ruft Florian dem

ersten  zu. Schon ist es sicher

im 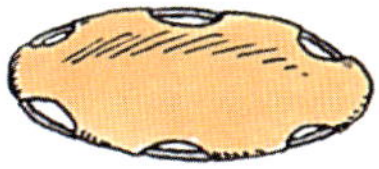 gelandet. „Und – hopp!“,

ruft der  dem kleinen  zu.

Aber er springt nicht. „Mein 

traut sich nicht“, sagt er leise. „Dann

musst du ihm gut zureden und selbst

ganz mutig sein!“, ruft Florian.

Der  umarmt den 
mit beiden . Dann atmet er
tief durch und springt. Er landet
sicher im 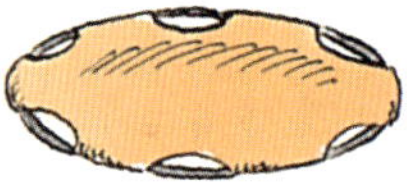. „War’s denn
schlimm?“, fragt der .

Der  schüttelt den .

„Mein  will sogar noch mal“,

sagt er. „Dann nichts wie rauf auf

die “, sagt Florian lachend

und hilft ihm vom 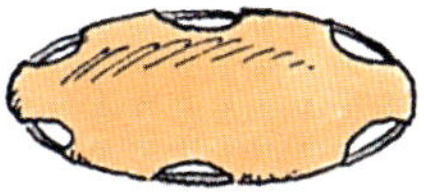.

Die Wörter zu den Bildern:

Feuerwehr-
haus

Kinder

Feuerwehr-
mann

Feuerwehr-
auto

Feuer

Hütte

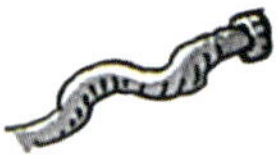

Schlauch

Junge

Teddy

Sprungtuch

Leiter

Arme

Kopf

Kleine Panne

Heute muss der  mit

seinem SC Torstedt auswärts

antreten. Mit dem  fahren

sie zum gegnerischen  .

Plötzlich beginnt der 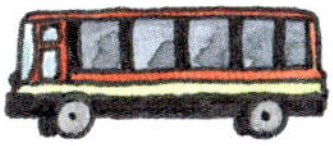 zu

schlingern. „Was ist denn los?“,

fragt der  verwundert.

„Wir haben einen platten 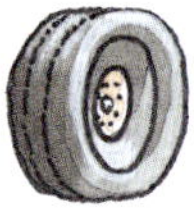 “,

sagt der  und hält an.

Alle steigen aus. „Jetzt kommen wir

zu spät“, sagt der  .

Ole überlegt. Eigentlich ist das

 nicht mehr weit weg.

Aber wenn sie zu 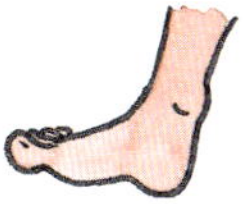 gehen,

kommen sie viel zu müde an.

„Ich bin gleich zurück“, sagt der .

„Zieht euch schon mal um!“

Während sich die anderen

im  umziehen, rennt Ole

über die  zu einem  .

Wenig später hält ein tuckernder

 neben dem  .

Hinten auf dem  sitzt

der  . „Los, steigt auf!“,

ruft Ole. Die anderen 

klettern zu ihm auf den  .

Querfeldein fährt der  mit

seinem  zum .

Pünktlich liefert er die  ab.

Der hilfreiche  darf natürlich

im  bleiben und zusehen.

Der  sorgt dafür, dass er

auch eine  bekommt.

Die Wörter zu den Bildern:

Fußball-
spieler

Bus

Stadion

Reifen

Busfahrer

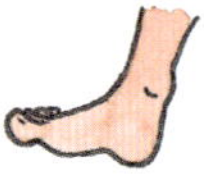

Fuß

Wiese

Bauernhof

Traktor

Wagen

Bauer

Eintrittskarte

Rettung im Nebel

Turbo sitzt mit den  Düse und

Peller am  und spielt . Da

schrillt das  und die  blinkt

wie verrückt. Turbo nimmt den 

ab. Er lauscht kurz, dann sagt er:

„Jawohl! Wir kommen!“ In den

ist eine  stehen geblieben.

Die  sitzen in der  fest.

Wenn Turbo sie nicht bald befreit,

werden sie zu . Turbo, Düse

und Peller rennen schnell zum ,

springen hinein und starten.

Wie eine 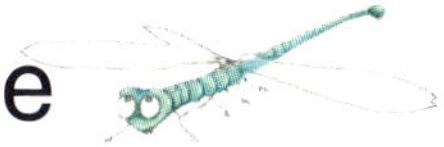 schwebt der 

über die , übers  und auf

die  zu. „Zum  aber auch!“,

schimpft Turbo. „Der  schwimmt

im  wie die  in der . Wie

sollen wir da die  finden?“

Kurz darauf ist auch der  von dickem  eingehüllt. Düse starrt aus dem . „Alles weiß. Als wären wir in ein 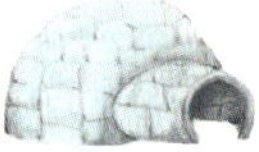 geflogen.“ Vorsichtig fliegt Turbo etwas tiefer.

„Da ist die  !“, ruft Peller. Auch

Turbo erkennt jetzt eine . Er

steuert den  direkt über die .

Düse bindet sich einen  um

den  und seilt sich zur  ab.

Es ist kalt wie am  und ziemlich hoch, aber Düse schafft es sicher zur . Er gurtet einen  an und hilft ihm aus der . Dann zeigt er Peller oben im  schnell seinen erhobenen .

Peller zieht den  nach oben in

den  . Der  strahlt übers

ganze  : „Mit dem  fliegen

ist viel besser als  fahren!“

Die Wörter zu den Bildern:

Pilot

Skifahrer

Tisch

Gondel

Karten

Schneemänner

Telefon

Hubschrauber

Alarmleuchte

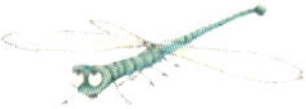
Libelle

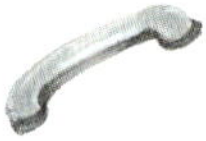
Telefonhörer

Stadt

Berge

Tal

Seilbahn

Teufel

Gipfel

Nebel

Wurst

Suppe

Fenster

Iglu

Gurt

Bauch

Nordpol

Junge

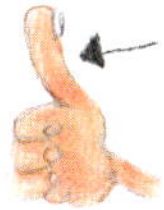
Daumen

Gesicht

Ski

Oskar rettet die Hexe

Oskar, der kleine , trifft

im  die  Hortense.

Sie sammelt . „ Wozu brauchst

du die ?“, fragt Oskar.

„Ich will mir neue 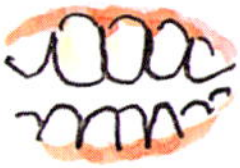 hexen“,

antwortet die . „Aber die 

sind doch giftig“, sagt Oskar.

„Trotzdem gehören sie dazu“,

antwortet die  . „Und dann?“,

fragt der kleine  weiter.

„Frag nicht so viel. Sonst hexe ich

dir ein  an den  .“

„Wer nicht fragt, bleibt dumm“,

erwidert Oskar. Die  stöhnt.

„Oskar, wenn ich auch nur einen

einzigen  vergesse, verwandle

ich mich in eine .“

Ein wenig beleidigt macht sich

der kleine  auf den  .

Bald saust die  auf

ihrem  davon, dass sich die 

biegen. Plumps, fällt Hortense

ein  aus ihrem . So schnell

er kann, rennt Oskar zum 

der  .

An der  hängt ein  . „Wer

stört, wird in eine  verwandelt."

Der kleine  zögert.

„Dann will ich mal probieren“, hört

er die  von drinnen murmeln.

„Hortense! Nicht!“, ruft Oskar

und reißt die  auf.

„Willst du, dass ich mich in

eine  verwandle?“, kreischt

die  . „Eben nicht“, sagt der

kleine  und gibt ihr den

letzten  . Die  wird blass.

Hastig wirft sie den  in den

großen  auf ihrem  .

Mit der  rührt sie um, füllt

einen  und trinkt. Schon hat

sie strahlend weiße 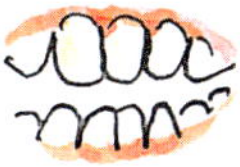 im  .

„Danke, Oskar“, sagt die  .

„Ohne dich hätte ich mich in eine

warzige  verwandelt.“ – „Siehst

du“, sagt der kleine  . „Fragen

kann eben doch nie schaden.“

Die Wörter zu den Bildern:

Zauberer

Wald

Hexe

Pilze

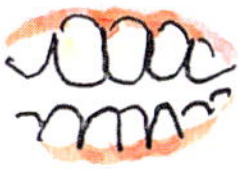
Zähne

Schloss

Mund

Kröte

Weg

Besen

Bäume

Korb

Haus

Tür

Zettel

Fliege

Topf

Kelle

Herd

Becher

Ein Hut für den Flaschengeist

Mit einer bauchigen  unter

dem 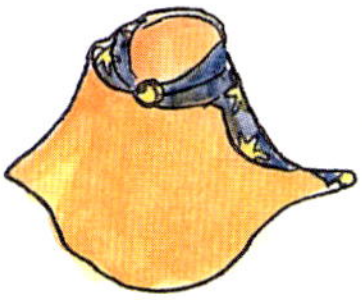 tritt Oskar vors  .

Der kleine  will den

fiesen  Furano einfangen.

Der zaubert nämlich allen,

die er trifft,  an den  .

Oder einen  an die  .

Plötzlich schwebt der  vor

dem kleinen  . „Du willst

mich also in eine  locken“,

dröhnt der  .

„Welche  ?“, stammelt Oskar.

„Die da!“, brüllt der  und streckt

die 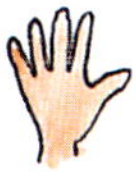 danach aus. Erschrocken lässt

Oskar die  fallen.

Sie zerspringt in tausend  .

Nur der  bleibt heil.

Der wütende Furano wird dick

und prall wie ein . „Möchtest du

meinen ?“, fragt Oskar schnell.

„Was soll ich mit dem  eines dummen  ?“, fragt der  .

„Dich hineinlegen“, antwortet Oskar. „Mein  ist schön weich. Und er hat keinen  . Niemand kann dich darin einsperren.“

Der  wird neugierig. „Was

soll ich dafür tun?“, fragt er.

„Nichts. Ich schenke ihn dir“, sagt

der kleine  . „Wehe, dein 

ist nicht weich“, droht der  .

Zischend verwandelt er sich in

eine  und verschwindet

im . Blitzschnell holt Oskar

seinen  hervor und verwandelt

den  in eine .

Er hebt den  auf und drückt

ihn in die  . Der  ist

eingefangen. Und für einen

neuen  muss der kleine 

nur mal eben mit dem  winken.

Die Wörter zu den Bildern:

Flasche

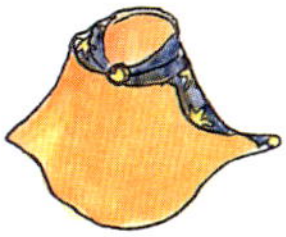

Umhang

Haus

Zauberer

Flaschen-
geist

Eselsohren

Kopf

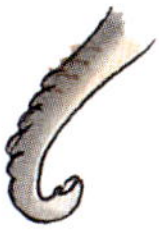

Rüssel

Nase

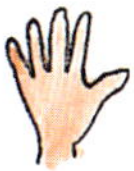

Hand

Scherben

Korken

Luftballon

Hut

Wolke

Zauberstab

Quellenverzeichnis

S. 8–17
Katja Reider, *Rocky Rasant*,
aus: dies., Bildermaus – Geschichten
vom Rennfahrer Mick,
farbig illustriert von Irmgard Paule.
© 2011 Loewe Verlag GmbH, Bindlach

S. 18–29
Werner Färber, *Torwartwechsel*,
aus: ders., Bildermaus – Geschichten
vom Fußballplatz,
farbig illustriert von Rooobert Bayer.
© 2001 Loewe Verlag GmbH, Bindlach

S. 30–39
Werner Färber, *Nachtalarm*,
aus: ders., Bildermaus – Geschichten
vom kleinen Feuerwehrmann,
farbig illustriert von Jan Birck.
© 1998, 2001 Loewe Verlag GmbH,
Bindlach

S. 40–47
Werner Färber, *Treffer mit Folgen*,
aus: ders., Bildermaus – Geschichten
vom Fußballplatz,
farbig illustriert von Roobert Bayer.
© 2001 Loewe Verlag GmbH, Bindlach

S. 48–58
Franziska Gehm, *Irgendwo in Afrika*,
aus: dies., Bildermaus – Geschichten
vom Piloten Turbo,
farbig illustriert von Betina Gotzen-Beek.
© 2012 Loewe Verlag GmbH, Bindlach

S. 59–68
Werner Färber, *Tag der offenen Tür*,
aus: ders., Bildermaus – Geschichten
vom kleinen Feuerwehrmann,
farbig illustriert von Jan Birck.
© 1998, 2001 Loewe Verlag GmbH,
Bindlach

S. 69–76
Werner Färber, *Kleine Panne*,
aus: ders., Bildermaus – Geschichten
vom Fußballplatz,
farbig illustriert von Rooobert Bayer.
© 2001 Loewe Verlag GmbH, Bindlach

S. 77–85
Franziska Gehm, *Rettung im Nebel*,
aus: dies., Bildermaus – Geschichten
vom Piloten Turbo,
farbig illustriert von Betina Gotzen-Beek.
© 2012 Loewe Verlag GmbH, Bindlach

S. 86–96
Werner Färber, *Oskar rettet die Hexe*,
aus: ders., Bildermaus – Geschichten
vom kleinen Zauberer,
farbig illustriert von Julia Ginsbach.
© 2003 Loewe Verlag GmbH, Bindlach

S. 97–105
Werner Färber, *Ein Hut für den
Flaschengeist*,
aus: ders., Bildermaus – Geschichten
vom kleinen Zauberer,
farbig illustriert von Julia Ginsbach.
© 2003 Loewe Verlag GmbH, Bindlach

Noch mehr Lesespaß!

ISBN 978-3-7432-0538-3

Marie findet im Garten eine kleine Katze und freundet sich mit ihr an. Hoffentlich kann sie sie behalten! Das Pony Max ist neu auf dem Reiterhof und hat Heimweh. Aber die anderen Ponys lassen sich etwas einfallen, damit Max sich bald eingewöhnt. Auch der Dinosaurier Tamino braucht dringend Hilfe, denn er ist in eine Felsspalte gestürzt. Zum Glück hat sein Freund Oskar die rettende Idee!

Noch mehr Lesespaß!

ISBN 978-3-7432-1732-4

ISBN 978-3-7432-1733-1

ISBN 978-3-7432-1744-7

ISBN 978-3-7432-1754-6

Loewe
Das will ich lesen!

Noch mehr Lesespaß!

ISBN 978-3-7432-1617-4

ISBN 978-3-7432-1636-5

ISBN 978-3-7432-1637-2

ISBN 978-3-7432-1638-9

Loewe
Das will ich lesen!